VENTE
du Jeudi 19 Février 1914
HOTEL DROUOT - SALLE N° 10
A DEUX HEURES 1/2 PRÉCISES

EXPOSITION PUBLIQUE
Le Mercredi 18 Février 1914
de 2 heures à 6 heures

TABLEAUX MODERNES

AQUARELLES - DESSINS - PASTELS

EAUX-FORTES DE ROPS

COMMISSAIRE-PRISEUR
Mᵉ Robert BIGNON

EXPERT
M. F. MARBOUTIN

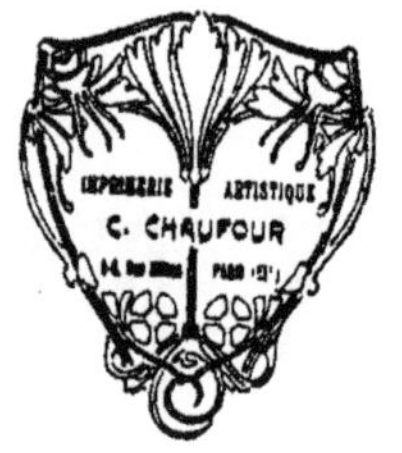
ARTISTIQUE
C. CHAUFOUR

CATALOGUE

DES

TABLEAUX MODERNES

PAR

*Attendu, Bourgeois, Buland, Chifflart, César de Cock
Colin (G.), Corot, De Vos, Dufrenoy, Guillemet, Hanoteau
Howland, Laugée (G.), Le Roy, Nardi, Pezant
Quinton, Saïn (Paul), Simonidy, Surand, Timmermans, Vogler
Vollon (Ant.), Wilhems, Ziem, etc.*

AQUARELLES, DESSINS, PASTELS

PAR

*Bonvin, Cazin, Chéret, Choubrac, Cicéri (Eug.), Cottet, Dupray
Victor Dupré, Abel Faivre, Flers, Forain
Gérôme, Jacque, Jeanès, Lépine, Luigini, Meissonier
Pils, Poulbot, Regnault (H.)
Souza-Pinto, Van-Marcke, Veyrassat, Willette.*

Eaux-Fortes de ROPS

DONT LA VENTE AURA LIEU A PARIS

HOTEL DROUOT — SALLE N° 10

Le Jeudi 19 Février 1914

à deux heures 1/2 précises

M

Me Robert BIGNON
COMMISSAIRE-PRISEUR
41, Rue de la Victoire

M. F. MARBOUTIN
PEINTRE-EXPERT
2, Rue de Marseille

EXPOSITION PUBLIQUE

Le Mercredi 18 Février 1914, de 2 heures à 6 heures

CONDITIONS DE LA VENTE

La vente sera faite au comptant.

Les acquéreurs paieront dix pour cent en sus des enchères

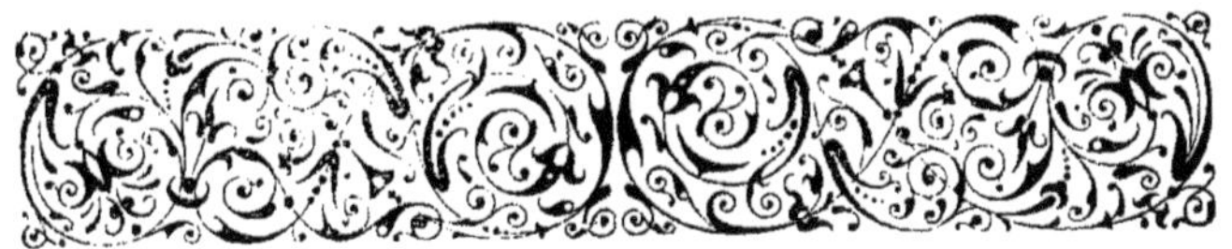

DÉSIGNATION

ANONYME

1 — Le Grand Frère.

Panneau. Haut. : 0m27 ; Larg. : 0m22.

ANDRIEU

2 — Scène du Malade Imaginaire.

Dessin. Haut. : 0m12 ; Larg. : 0m15.

ATTENDU (F.)

3 — Nature morte.

Toile. Haut. : 0m50 ; Larg. : 0m81.

BAROTTE (Léon)

4 — Sous bois. Effet de printemps.

Toile. Haut. : 0m61 ; Larg. : 0m43.

BOUMAN

5 — L'Hiver dans la forêt.

Toile Haut. : 0m80 ; Larg. : 0m66.

BONVIN (Fr.)

6 — Le Catéchisme.

Dessin à la plume. Haut. : 0m08; Larg. : 0m12.

BOURGEOIS (L.)

7 — Port de La Rochelle.

Toile. Haut. : 0m38; Larg. : 0m67.

BRICOUX (Ch.)

8 — Bayadère.

Toile. Haut. : 1m27; Larg. : 0m80.

BRUNET (J.)

9 — Le Serrurier.

Toile. Haut. : 0m80 ; Larg. : 0m65.

BULAND (E.)

10 — Au bord de la route.

Toile. Haut. : 0m33; Larg. : 0m41.

CAZIN (J.-C.)

11 — Route à Equihen.

Dessin au fusain. Haut. : 0m26; Larg. : 0m34.

CHALON (L.)

12 — Etude de femme.

Toile. Haut. : 0m81 ; Larg. . 0m45.

CHÉRET (J.)

13 — Pierrette.

Sanguine rehaussée. Haut. : 0m35; Larg. : 0m22.

CHÉRET (J.)

14 — La Peinture.

Sanguine. Haut. : 0m34; Larg. : 0m23.

CHÉRET (JULES)

15 — Sarabande.

Pastel. Haut. : 0m61; Larg. : 0m45.

CHOUBRAC

16 — Rêverie.

Toile. Haut. : 0m81; Larg. : 0m66.

CHIFFLARD (F.)

17 — Chef Gaulois.

Toile. Haut. : 0m55; Larg. : 0m46.

CHIFFLART (F.)

18 — Porte-étendard.

Toile. Haut. : 0m55; Larg. : 0m46.

CHIFFLART (F.)

19 — Assassinat dans une église.

Dessin au fusain. Haut. : 0m90 : Larg. : 1m15.

CICÉRI (Eug.)

20 — Bords de l'Oise.

Fusain. Haut. : 0m25; Larg. : 0m39.

COCK (César de)

21 — Sous bois.

Toile. Haut. : 0m61 ; Larg. : 0m50.

COLIN (G.)

22 — Coin de ferme.

Toile. Haut. : 0m30 ; Larg. : 0m38.

COMBES (F.)

23 — Le Pont de l'Alma. Inondations de 1910.

Dessin rehaussé. Haut. : 0m24; Larg. : 0m52.

COMBES (F.)

24 — Le Pont Saint-Michel. Inondations de 1910.

Dessin rehaussé. Haut. : 0m24; Larg. : 0m52.

COMBES (F.)

25 — La Rue des Chantres. 1910.

Dessin rehaussé. Haut. : 0m52; Larg. : 0m24.

COROT

26 — **La Prairie. Le soir.**

Toile. Haut. : 0m23; Larg. : 0m38.

N° 20

COTTET (Ch.)

27 — L'Anse de Coulinguet (Finistère).

Signé au dos.
Dessin à la mine de plomb. Haut. : 0m11; Larg. : 0m16.

COTTIN

28 — Poules et coqs.

Dessin rehaussé. Haut. : 0m49; Larg. : 0m32.

DARBOUR (E.)

29 — Roses et Chrysanthèmes.

Toile. Haut. : 1m14; Larg. : 1m78.

DARCY (D.-M.)

30 — Jour de marché en Poitou.

Panneau. Haut. : 0m15; Larg. : 0m22.

DECAMPS (Albert)

31 — Paysage de Picardie.

Toile. Haut. : 0m65; Larg. : 0m81.

DE DREUX (Ecole de)

32 — Cheval en liberté.

Panneau. Haut. : 0m21; Larg. : 0m27.

DE VOS

33 — Famille de chiens.

Panneau. Haut. : 0m23; Larg. : 0m30.

DUBUFE (Attribué à)

34 — Le Repos.

Toile. Haut. : 0m81 ; Larg. : 0m61.

DUFRENOY

35 — Nature morte.

Carton. Haut. : 0m52. Larg. : 0m73.

DUPRAT (Albert)

36 — Notre-Dame de Paris.

Toile. Haut. : 0m46; Larg. : 0m38.

DUPRAY (H.)

37 — Aux Grandes Manœuvres.

Aquarelle, Haut. : 0m27. Larg. : 0m35.

DUPRÉ (Victor)

38 — Paysage.

Dessin à la mine de plomb. Haut. : 0m11 ; Larg. : 0m18.

DUVAL

39 — Jeune fille des Alpes-Maritimes.

Panneau. Haut. : 0m31 ; Larg. : 0m15.

ÉCOLE FRANÇAISE DE 1830

40 — Sous bois.

Panneau. Haut. : 0m40 ; Larg. : 0m25.

ÉCOLE FRANÇAISE DE 1830

41 — Environs de Rome.

Toile. Haut.: 0m35; Larg.: 0m51.

ÉCOLE FRANÇAISE DE 1830

42 — Chasseurs arrivant à la ferme.

Toile. Haut.: 0m49; Larg.: 0m37.

FAIVRE (ABEL)

43 — L'Homme à la toque rouge.

Toile. Haut.: 0m35; Larg : 0m23.

FLERS (C.)

44 — Chemin au bord de la mer.

Dessin rehaussé. Haut.: 0m15; Larg.: 0m22.

FORAIN

45 — Sous la lampe.

Dessin à la plume. Haut. : 0m25; Larg. : 0m16.

FORAIN

46 — Trois croquis.

Dessins à la plume. Haut. : 0m28; Larg. : 0m18.

GÉROME (L.)

47 — Étude de femme nue.

Dessin mine de plomb. Haut. : 0m29; Larg. : 0m16.

GUDIN (TH.)

48 — Marine.

Panneau. Haut. : 0^m13; Larg. : 0^m20.

GUIGNÉ (A.)

49 — Pont sur la Marne.

Aquarelle. Haut. : 0^m22; Larg. : 0^m30.

GUIGNÉ (A.)

50 — Bords de Marne.

Aquarelle. Haut. : 0^m22; Larg. : 0^m30.

GUILLEMET (A.)

51 — Village au bord de la mer.

Panneau. Haut. : 0^m18; Larg. : 0^m27.

HANOTEAU

52 — La Ferme.

Panneau. Haut. : 0^m25; Larg. : 0^m35.

HARPIGNIES (Attribué à)

53 — Le Pont-Royal.

Aquarelle. Haut. : 0^m14; Larg. : 0^m22.

HAWKINS

54 — Travaux des champs.

Panneau. Haut. : 0^m24; Larg. : 0^m36.

HILBERT-DUFOUR (Ch.)

55 — Une cour. Effet de nuit.

Toile. Haut. : 0m65; Larg. : 0m63.

HOWLAND

56 — Bohémienne.

Toile. Haut. : 0m33; Larg. : 0m24.

INCONNU

57 — Femmes dans un parc.

Monogramme Cl. M.

Toile. Haut. : 0m35; Larg. : 0m65.

INCONNU

58 — Judith et Holopherme.

Toile. Haut. : 1m30; Larg. : 1 m.

JACQUE (Ch.)

59 — Paysanne.

Dessin à la sanguine. Haut. : 0m30; Larg. : 0m22.

JACQUE (Ch.)

60 — Moutons à la bergerie.

Aquarelle. Haut. : 0m19; Larg. : 0m27.

JACQUET (E.)

61 — Étude de casque.

Toile. Haut. : 0m56; Larg. : 0m46.

JEANÈS

62 — Coucher de soleil dans les Alpes.

Aquarelle. Haut. : 0m46; Larg. : 0m57.

LAFFITTE (Gérard)

63 — Bal masqué.

Aquarelle. Eventail.

LAUGÉE (Georges)

64 — Dans le verger.

Toile. Haut.: 0m81; Larg. : 0m60.

LEFORTIER (H.)

65 — Le Matin.

Toile. Haut.: 0m37; Larg. : 0m24.

LÉPINE (S.)

66 — Bords de la Seine.

Dessin à la plume. Haut.: 0m13; Larg.: 0m07.

LEPINE (S.)

67 — Vaches au pâturage. Etude.

Panneau. Haut. : 0m13, Larg : 0m24.

LE ROY (J.)

68 — Petits chats.

Panneau. Haut. : 0m22; Larg. : 0m27.

LUIGINI (F.)

69 — Notre-Dame de Paris.

Aquarelle. Haut. : 0m24; Larg. : 0m30.

MARONN (J.)

70 — L'Apprenti maladroit.

Panneau. Haut. : 0m16; Larg. : 0m22.

MARSAC (P.-A.)

71 — Le Rhône, vu du Mont de la Justice, environs d'Avignon.

Salon de 1892.

Toile. Haut. : 0m39; Larg. : 0m56.

MERLOT

72 — Génisse. Etude.

Carton. Haut. : 0m24; Larg. : 0m34.

MESPLÈS

73 — Danseuse.

Pastel. Haut. : 0m39; Larg. : 0m28.

MEISSONIER (E.)

74 — Etudes.

Deux dessins rehaussés. Haut. : 0m29; Larg. : 0m24.

MICHEL-LEVY

75 — Canal à Bruges.

Toile. Haut. : 0m42; Larg. : 0m36.

MILLET (Ecole de)

76 — Gardeuse d'oies.

Panneau. Haut. : 0^m38 ; Larg. : 0^m56.

NARDI (F.)

77 — Entrée du Grand Canal à Venise.

Toile. Haut. : 0^m46, Larg. : 0^m55.

NEUVILLE (A. DE)

78 — Les Peaux-Rouges.

Dessin pour une illustration. Haut. : 0^m19 ; Larg. : 0^m11.

PEZANT (A.)

79 — Vaches au pâturage.

Toile. Haut. : 0^m33 ; Larg. : 0^m41.

PEZANT (A.)

80 — Moutons. Effet de lune.

Toile. Haut. : 0^m33 ; Larg. : 0^m41.

PILS (G.)

81 — Officier de guides.

Aquarelle. Haut. : 0^m24 ; Larg. : 0^m15.

POINTELIN

82 — Paysage.

Dessin au fusain. Haut. : 0^m28 ; Larg. : 0^m42.

POULBOT

83 — Sur les Fortifs.

Dessin rehaussé. Haut. : 0^m23 ; Larg. : 0^m30.

POULBOT

84 — Le Nouveau.

Dessin rehaussé. Haut. : 0^m30 ; Larg. : 0^m23.

POULBOT

85 — Retour de l'école.

Dessin rehaussé. Haut. : 0^m30 ; Larg. : 0^m23.

QUINTON (CL.)

86 — Le Roussot, le soir (Creuse).

Panneau. Haut. : 0^m19 ; Larg. : 0^m26.

QUINTON (CL.)

87 — Labourage à Montigny-sur-Loing.

Panneau. Haut. : 0^m24 ; Larg. : 0^m33.

REGNAULT (HENRI)

88 — Souvenirs d'Espagne.

Page de dessins. Mine de plomb.

Haut. : 0^m14 ; Larg. : 0^m29.

Provient de la vente HARO.

REGNAULT (HENRI)

89 — Vieilles maisons en Espagne.

Dessin mine de plomb. Haut. : 0^m10 ; Larg. : 0^m15.

Provient de la vente HARO.

REGNAULT (Henri)

90 — Scène biblique.

Dessin à la plume. Haut. : 0m25; Larg. : 0m17.

Provient de la vente Haro.

RIBOT (Germain)

91 — Fleurs.

Toile. Haut. : 0m60; Larg. : 0m50

ROZIER (Jules)

92 — Environs de Honfleur.

Toile. Haut. : 0m27; Larg. : 0m41.

SUFFREY

93 — Le Port du Hâvre.

Aquarelle. Haut. : 0m46; Larg. : 0m69.

SAIN (Paul)

94 — Coucher de soleil sur le Rhône, environs d'Avignon.

Toile. Haut : 0m18; Larg. : 0m37.

SAINT PIERRE

95 — Vision d'Orient.

Toile. Haut. : 0m37; Larg. : 0m57.

SCHERRER (J.-J.)

96 — Scène de la Révolution.

Toile. Haut. : 0m46; Larg. : 0m68

SIMONIDY (M.)

97 — Italienne.

Toile. Haut. : 0m46; Larg. : 0m38.

SIMONIDY (M.)

98 — Madame Sarah-Bernhardt dans l'atelier du peintre.

Panneau. Haut. : 0m38; Larg. : 0m46.

SIMONIDY (M.)

99 — Portrait de Madame Réjane.

Lithographie en couleur.

SOMM (H.)

100 — Premiers froids.

Dessin aquarellé. Haut. : 0m21; Larg. : 0m15.

SOMM (H.)

101 — Parisienne.

Aquarelle. Haut. : 0m24; Larg. : 0m15.

SAUZA-PINTO (J. de)

102 — Jeune Bretonne.

Pastel. Haut. : 0m33; Larg. : 0m24.

SURAND (G.)

103 — Dans les ruines, le soir.

Toile. Haut. : 0m65; Larg. : 0m81.

SURAND (G.)

104 — Les Chrétiens livrés aux bêtes par Caligula.

Toile. Haut. : 0m77; Larg. : 1m15.

TIMMERMANS (L.)

105 — Quimper.

Panneau. Haut. : 0m27; Larg. : 0m35.

VAN-MARCKE (E.)

106 — Bœuf dans la prairle.

Dessin rehaussé. Haut. : 0m39; Larg. : 0m49.

VERNET (Attribué à Horace)

107 — Combat entre des brigands et les soldats du Pape.

Toile. Haut. : 0m90; Larg. : 1m31.

VEYRASSAT (J.)

108 — Marché à Baufaritz.

Dessin rehaussé. Haut. : 0m10; Larg. : 0m16.

VOGLER (G.)

109 — Les Meules.

Toile. Haut. : 0m51; Larg. : 0m63.

VOLLON (Ant.)

110 — Vieille église dans les Pyrénées.

Toile. Haut. : 0m43; Larg. : 0m32.

VOLLON (Ant.)

111 — Effet d'orage. Vieux Montmartre.

Toile. Haut. : 0m60 ; Larg. : 0m73.

VOLLON (Ant.)

112 — L'Avenue Trudaine.

Non signé.

Toile. Haut. : 0m41. Larg. : 0m33.

VOLLON (Ant.)

113 — La Place et l'Eglise d'Ault, effet de nuit.

Dessin au fusain. Haut. : 0m21 ; Larg. : 0m16.

VOLLON (Ant.)

114 — Rue de village.

Dessin au fusain. Haut. : 0m17 ; Larg. : 0m22.

WEIZE

115 — Fillette au miroir.

Toile. Haut. : 0m68 ; Larg. : 0m56.

WILHEMS (J.)

116 — Le Palais ducal et la Salute à Venise.

Toile. Haut. : 0m46 ; Larg. : 0m65.

WILLETTE (A.)

117 — Syndicat des...

Suite de dessins. Haut. : 0m31 ; Larg. : 0m25.

ZIEM (F.)

118 — Rue de village en Provence.

Papier marouflé sur toile. Haut. : 0^m20 ; Larg. : 0^m22.

ZIEM (F.)

119 — Tête d'enfant.

Papier marouflé sur toile. Haut. : 0^m20 ; Larg. : 0^m15.

ZIEM (F.)

120 — Portrait présumé de George Sand. (Etude.)

Papier marouflé sur toile. Haut. : 0^m21 ; Larg. : 0^m15.

EAUX-FORTES

ROPS (F.)

121 — Rosine.

Épreuve sur Chine avec remarque.

122 — Le Christ au Vatican.

123 — L'Experte en dentelles.

Épreuve signée et datée 1876.

124 — Curieuse.

Eau-forte gravée pour le roman de J. PELADAN.

125 — La Tentation de saint Antoine.

126 — Grand et petit trottoir.

127 — Titre de la vie élégante.

Lithographie originale, signée.

128 — Le Père Musch.

129 — Frontispice pour les peintres de la femme.

130 — La Cuisine de l'auberge des artistes à Anseremme.

Epreuve avec remarque.

131 — La Dèche.

Eau-forte en couleurs.

ROPS (D'après)

132 — Bète de somme et de sommier.

Par Bertrand.

Epreuve en couleurs avec remarque.

133 — La Laitière hollandaise.

Par Bertrand.

Eau-forte monogrammée.

134 — Hommage à Pan.

Par Bertrand.

Epreuve en couleurs.

135 — La Buveuse de krickels.

Par Bertrand.

Eau-forte signée F. Rops.

136 — Les Trois Contemporains.

Par Bertrand.

137 — Manette Salomon.

Par Bertrand.

Eau-forte signée F. Rops, avec dédicace à MM. Ed. et J. de Goncourt.

138 — Le Gandin ivre.

Par Bertrand.

Eau-forte en couleurs.

139 — Les Trois Contemporains.

Par Bertrand.

Eau-forte en couleurs.

140 — Rosine tentée par le diable.

Par Rassenfosse.

Eau-forte originale, gravée pour la Clef de Saint-Pierre.

ROPS (F.)

141 — Hommage à Pan.

Lithographie.

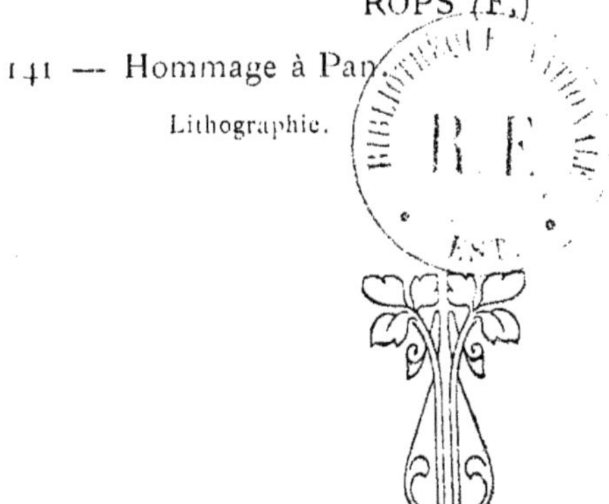

www.ingramcontent.com/pod-product-compliance
Ingram Content Group UK Ltd.
Pitfield, Milton Keynes, MK11 3LW, UK
UKHW020533180726
13839UKWH00005B/2488

9 782329 502953